FELIPE ROCHA
@tipobilhete

TODAS AS FLORES QUE NÃO TE ENVIEI

astral cultural

Copyright © 2018, Felipe Rocha
Todos os direitos reservados à Astral Cultural e protegidos
pela Lei 9.610, de 19.2.1998.
É proibida a reprodução total ou parcial sem a expressa
anuência da editora.
Este livro foi revisado segundo o Novo Acordo Ortográfico
da Língua Portuguesa.

Editora responsável Tainã Bispo
Produção editorial Aline Santos, Bárbara Gatti, Fernanda Costa
José Cleto, Luiza Marcondes e Natália Ortega
Revisão Livia Mendes
Capa Marina Avila
Ilustrações Shutterstock Images
Foto autor arquivo pessoal

Dados Internacionais de Catalogação na Publicação (CIP)
Angélica Ilacqua CRB-8/7057

R573t   Rocha, Felipe
       Todas as flores que não te enviei / Felipe Rocha.
      — Bauru, SP : Astral Cultural, 2018.
      192 p. : il.

    ISBN: 978-85-8246-820-3

    1. Poesia infantojuvenil brasileira 2. Amor I. Título

18-1605   CDD 869.1

Índice para catálogo sistemático:
1. Poesia infantojuvenil brasileira

BAURU
Rua Joaquim Anacleto
Bueno 1-42
Jardim Contorno
CEP: 17047-281
Telefone: (14) 3879-3877

SÃO PAULO
Rua Augusta, 101
Sala 1812, 18 andar
Consolação
CEP 01305-000
Telefone: (11) 3048-2900

E-mail: contato@astralcultural.com.br

Aprendi com um grande amigo
que sentir empatia por pessoas
que não conhecemos, mas ainda
assim saber que podemos fazer
algo de bom na vida delas, é a
forma mais genuína de
espalhar o amor.

Hoje, esse grande amigo não
está mais entre nós, mas quem
o conheceu também possuía
sementes para reflorestar o
mundo com boas atitudes.

As páginas a seguir estão repletas
de flores oriundas das sementes
que me foram entregues.

**Dedico este livro ao grande
amigo Raulo Ferraz
(em nossos corações).**

sumário

9 Parte 1
(Re)comece

23 Parte 2
Desenvolva-se

43 Parte 3
Corte raízes

71 Parte 4
Sustente-se

101 Parte 5
Ilumine-se

141 Parte 6
Floresça

163 Parte 7
Desabroche

Parte 1
(Re)comece

PARA O AMOR QUE NÃO CHEGOU

Pode vir. Vem sem medo. Não precisa se arrumar demais, pois o que me cativa é a simplicidade. Não quero nada exagerado, apenas mensagens de bom dia e lembranças de ontem à noite.

Quero planejar o final de semana seguinte, enquanto estamos deitados e aproveitando o agora. Quero dias intensos e sem hora pra acabar. Quero aproveitar a vida em sua companhia, vida da qual parecerá um livro que nunca terminou de ser escrito, criando um *loop* incontrolável de um amor interminável.

São sonhos, eu sei, mas tudo será possível enquanto estivermos juntos. Quero que o final de semana venha. E que venha contigo sorrindo.

Pode vir. Mas venha sem a ansiedade que faz a gente tropeçar em nossas próprias vontades e nos argumentos que quebram todo o ritmo do amor.

Vem assim mesmo, com a blusa amassada e o cabelo bagunçado. Pois, quando a vontade de um abraço apertado existe, o sorriso em seu rosto ofusca qualquer imperfeição que eu desconheço que exista em você.

Vem logo! A semana tá corrida, mas os olhos correm checar as mensagens a cada minuto que passa. Chega pra cá, vamos abrir um vinho e passar a vida inteira assim, de pés emaranhados, vendo um filme ou revendo alguma série de que você gosta.

Em meio às pausas na TV e aos cafunés no cabelo, preparo o brigadeiro de panela enquanto você pega o edredom. E a noite só está começando. Vem. Ou eu vou. Só espero que você não recue, pois já coreografei há muito tempo a dança de nossas vidas. Caso você queira me apresentar outra canção para dizer que ela é nossa, fique à vontade. Mas preciso de você para não errar o passo.

NÃO SE COBRE TANTO,
ÀS VEZES UMA PORTA
SE FECHA, MAS UM
UNIVERSO INTEIRO
SE ABRE.

VOCÊ PASSARÁ
POR COISAS QUE
NÃO MERECE,
MAS ISSO IRÁ LHE
MOSTRAR O QUÃO
FORTE VOCÊ É.

SEMPRE GOSTEi
DA SiMPLiCiDADE.

UM ABRAÇO APERTADO,
UM BEiJO NA TESTA E
PALAVRAS DE CUiDADO.

NÃO QUERO
BENS MATERiAiS
NEM COiSAS LUXUOSAS.

APENAS CARiNHO E AMOR.
COM MUiTA iNTENSiDADE.

PARE DE ROMANTIZAR
AS PESSOAS QUE
NÃO SE IMPORTAM
COM VOCÊ.

PARE DE
ALIMENTAR
O QUE NÃO TE
TRAZ PAZ.
QUANTO MAIS
VOCÊ CHORA,
MAIS REGA
AS RAÍZES DOS
SENTIMENTOS QUE
TIRAM O SEU SONO.

IGNORE QUEM DIZ
QUE VOCÊ
É MUITO EXIGENTE
NO AMOR.
ELES NÃO SABEM QUE
PARA PODER COMPARTILHAR
UMA VIDA, É PRECISO
A COMPANHIA
DO MELHOR CÚMPLICE.

ESQUEÇA OS
AMORES PASSAGEIROS.
VOCÊ NÃO É
UM AEROPORTO
À ESPERA
DE VOOS RÁPIDOS,
REENCONTROS
E CONEXÕES PERDIDAS.
VOCÊ É O PILOTO.
ASSUMA O CONTROLE
DO SEU VOO
E SEJA
LIVRE!

DESLIGAR O CELULAR,
IR PARA ALGUM
LUGAR TRANQUILO E
DESCONECTAR-SE DE TUDO
POR ALGUMAS HORAS
CONTINUA SENDO O MÉTODO
MAIS EFICAZ
CONTRA TODOS OS MALES
DO MUNDO MODERNO.

NÃO HÁ
NECESSIDADE
DE VINGANÇA.
AS PESSOAS
RUINS DE
CORAÇÃO
SEMPRE SE
AUTODESTROEM.

Parte 2
Desenvolva-se

SE VOCÊ SOUBESSE COMO É INCRÍVEL, NÃO SE PREOCUPARIA COM OUTRAS PESSOAS

Fugindo de enrolação e de joguinhos, confesso que você é incrível.

Não se preocupe com o que vão pensar sobre nós ou se há outras garotas. Relaxe e deixa eu te contar.

Se soubesse como é gostoso ouvir o som da sua risada escandalosa e rir junto com você, riria ainda mais alto. E os meus sorrisos não são forçados, já que você me traz motivos de sobra para exibi-los.

Se soubesse como eu acho você linda, mesmo após acordar, com a cara amassada e os olhos pequenos, não correria para o banheiro lavar o rosto antes de me dar um beijo de bom dia.

Se soubesse como adoro ouvir você cantar em inglês, mesmo sem entender nada, continuaria cantando sem ter vergonha quando eu chegasse perto.

Se soubesse que, nesse mundo cheio de acasos, nunca encontrei um lugar tão aconchegante como o seu colo, me faria ficar para sempre mergulhado em você.

Meu amor, se soubesse o tamanho do sentimento que sinto por você, jamais iria se preocupar com aquilo que senti por tantas outras.

JÁ É HORA DE
COLORIR A SUA VIDA E
COLOCAR PONTOS FINAIS
NESSAS MEMÓRIAS QUE
IMPEDEM VOCÊ DE
SEGUIR EM FRENTE.
HÁ UMA IMENSIDÃO
DE NOVAS
EXPERIÊNCIAS
TE ESPERANDO.
VÁ SER FELIZ!

O AMOR NÃO
É SINÔNIMO
DE PRISÃO,
MAS, SIM,
DE LIBERDADE.
JAMAIS PENSE EM
CORTAR AS ASAS
DE QUEM PODE
TE FAZER
VOAR MAIS ALTO.

SE ARRUME PRA VOCÊ.
SORRIA PRA VOCÊ.
FAÇA PLANOS PRA VOCÊ.
SEJA FELIZ PRA VOCÊ.
SE ENCONTRE COM VOCÊ.
E SE ALGUÉM QUISER COMPARTILHAR
UMA VIDA INTEIRA COM VOCÊ,
TUDO BEM, SE NÃO...
MAIS PRA VOCÊ!

E QUANDO VOCÊ CAIR,
LEMBRE-SE
QUE É DO CHÃO
QUE AS MAIS
BELAS FLORES
CRESCEM E FLORESCEM.

QUANDO A VIDA
SE TORNAR CANSATIVA,
ESPERO QUE
OS TEUS SONHOS
PESEM MAIS DO QUE
AS TUAS DESCULPAS.

MUDE A SUA ROTA!
FORA DA SUA
ZONA DE CONFORTO,
VOCÊ ENCONTRARÁ
COISAS INCRÍVEIS.

A MATURIDADE CHEGA
QUANDO VOCÊ DECIDE
SENTIR ORGULHO
DE SUAS TRANSFORMAÇÕES
E PERCEBE O QUÃO IMPORTANTES
FORAM TODOS OS CONFLITOS
QUE VOCÊ ENFRENTOU.

SE ENTREGAR
COM MEDO
É COMO ANDAR
NA PONTA DOS PÉS
POR UM CAMINHO
QUE DEVÍAMOS
PERCORRER
VOANDO.

NÃO SE PREOCUPE...
FOI SÓ UM AMOR INFANTIL
QUE APERTOU A CAMPAINHA
DOS TEUS SENTIMENTOS
E FUGIU.

ME LIGUE APENAS
QUANDO NÃO QUISER
NADA COM NINGUÉM
E TUDO COMIGO.

UM DIA BRILHANTE
DEPENDE MAIS
DE SUAS ATITUDES
DO QUE DO
PRÓPRIO SOL.

A TRISTEZA É
PASSAGEIRA.
E, NA VIAGEM DA
MINHA VIDA,
DECIDI QUE NÃO
SENTARIA COM ELA.

DIZEM QUE ONDE
HOUVE FOGO,
SÓ RESTAM CINZAS,
MAS ISSO É UM ENGANO.
JÁ INCENDIARAM
O MEU CORPO E
O MEU CORAÇÃO
E O QUE RESTOU
FOI SAUDADE.

NUNCA SUBESTIME
A MINHA CAPACIDADE
DE APAGAR
O TEU NÚMERO
E FINGIR QUE NUNCA
TE CONHECI EM
MINHA VIDA.

O AMOR DA MINHA VIDA
NÃO PRECISA SER
NECESSARIAMENTE
UM NAMORADO.

ELE PODE SER
MEU MELHOR AMIGO,
MEUS PAIS, MEU GATO,
MEU CÃOZINHO...

INCLUSIVE, EU MESMO
POSSO SER O AMOR
DA MINHA VIDA.

Parte 3
Corte raízes

VOCÊ NÃO VAI ME ESQUECER TÃO RÁPIDO; E ESSE SERÁ O SEU MAIOR CASTIGO

Não sou de reparar, mas vejo você tropeçando em cada esquina da vida. Quebrando corações e copos durante suas noitadas. E, em cada esquina que vira, revira o estômago daqueles que ainda acreditam no amor.

Talvez você não estivesse preparado para conhecer alguém como eu e repito: você não vai me esquecer. Pelo menos, não tão facilmente. Serei o amor-fantasma que sempre fará aparições em seus sonhos.

Você pode fechar os olhos e pedir para eu sumir. Pedir desculpas aos deuses por fazer meu coração de circo.

Se xingar por ser fraco demais e ter se apaixonado pela dona do prato que cuspiu.

Pode beber até o gosto da ânsia do meu beijo — aquele que não te dei — sair da sua boca. Vamos ver até onde você aguenta.

TALVEZ O MEU GRANDE ERRO
TENHA SIDO PASSAR ANOS
ACREDITANDO EM FADA MADRINHA,
SEM ME DAR CONTA DE QUE
A VERDADEIRA MAGIA
SEMPRE ESTEVE
DENTRO DE MIM.

A DECEPÇÃO É UM
SENTIMENTO SAUDÁVEL.
SÓ ELA TEM O PODER
DE TE TRAZER
DE VOLTA À REALIDADE,
AJUSTAR AS EXPECTATIVAS
E QUEIMAR DE VEZ
O TEU PAPEL DE TROUXA.

DEIXAR IR SEMPRE
SERÁ DOLOROSO,
MAS TEMOS QUE
APRENDER A SOLTAR.

NÃO PODEMOS
PERMANECER AMARRADOS
PELO MESMO NÓ
A VIDA INTEIRA.

ELA É DA CIDADE
GRANDE,
MAS A SUA BELEZA
VEM DO
INTERIOR.

TIRE A VENDA DOS OLHOS
E USE-A PARA FAZER UM
LAÇO NO CABELO.
VOCÊ É ESPERTA DEMAIS
PARA ENFRENTAR O MUNDO
DE OLHOS FECHADOS.

QUERO CONHECER TODAS
AS PESSOAS QUE ME JULGAM,
ASSIM, ELAS PODERÃO SABER
O QUANTO EU NÃO ME IMPORTO
COM OS JULGAMENTOS E
O QUÃO MARAVILHOSA
É A VIDA DE QUEM
NÃO PERDE TEMPO
CUIDANDO DA VIDA ALHEIA.

HÁ UM TEMPO,
EU PENSEI QUE
JAMAIS PODERIA
SUPERAR CERTAS
COISAS
QUE, HOJE
EM DIA, NÃO
ENTENDO
COMO PUDE ME
IMPORTAR TANTO.

DANCE, PULE, CHORE,
SORRIA, ABRACE E SINTA.

FAÇA TUDO
INTENSAMENTE
ENQUANTO HÁ TEMPO,
POIS, DESSA VIDA,
NENHUM DE NÓS
SAIRÁ VIVO.

EXISTEM PESSOAS QUE
ENTRAM EM NOSSAS VIDAS
COMO UM ELEFANTE
NUMA VIDRAÇARIA.
NÃO PELO BARULHO, MAS, SIM,
PELA BAGUNÇA QUE FICA
QUANDO VÃO EMBORA.

EM UM MÊS,
UMA PESSOA PODE MUITO BEM
TE FAZER SENTIR COISAS QUE OUTRA
NÃO CONSEGUIU FAZER EM DEZ ANOS.
O AMOR NUNCA FOI QUESTÃO DE TEMPO,
MAS DE INTENSIDADE.

NUNCA FOI SORTE.
COMETI INÚMEROS ERROS QUE
CAUSARAM AMADURECIMENTO
E ME DERAM FORÇA
PARA CHEGAR ATÉ AQUI
DE CABEÇA ERGUIDA.

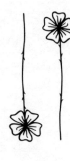
DIZEM QUE NADA MUDA
DA NOITE PARA O DIA,
MAS ISSO É UM ENGANO.
PODEMOS SEMPRE ACORDAR
E DECIDIR DIZER:
NÃO MAIS!

ÀS VEZES, VOCÊ PASSARÁ
POR COISAS
QUE JAMAIS IMAGINARIA.
E ISSO TE MOSTRARÁ QUEM
ESTÁ CONTIGO
E QUEM NUNCA ESTEVE.

ESTÁ TÃO NA MODA
"APRENDER A SOLTAR"
QUE AGORA QUASE NiNGUÉM
SE PREOCUPA EM
SEGURAR BEM FiRME
O QUE REALMENTE
FAZ BEM.

ELA É UM FURACÃO
QUE SEMPRE
SE APAIXONA
POR BONECOS
DE CRISTAL.

MEU CÍRCULO DE AMIZADES É PEQUENO,
MAS NÃO ME QUEIXO, POIS SEI QUE TENHO
AS PEÇAS CERTAS QUE SE ENCAIXAM
E COMPLETAM O MEU CORAÇÃO.

EXISTEM OS DIAS
GELADOS DE INVERNO
E OS DIAS EM QUE
FICO SEM TE VER.
PODEM NÃO TER
RELAÇÃO ALGUMA,
MAS, DENTRO DO
MEU PEITO,
FAZ O MESMO FRIO.

NÃO SOU MÉDICO,
MAS ACREDITO QUE
A EMPATIA E O AMOR
POSSUEM O PODER
DE SALVAR VIDAS.

VALORIZE A PESSOA QUE,
ALÉM DE PERMANECER AO
TEU LADO EM MEIO
AO TSUNAMI,
SEGUROU EM TUAS MÃOS
E TE ENSINOU A NADAR.

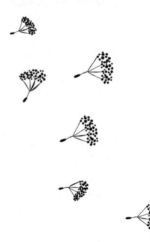

PAREI DE ACREDITAR
EM SEGUNDAS CHANCES
QUANDO APRENDI
QUE, NO AMOR,
SE NÃO TE QUEREM
BEM NA PRIMEIRA VEZ,
DIFICILMENTE O FARÃO
NUMA SEGUNDA OPORTUNIDADE.

NÃO IMPORTA
O QUÃO INTELIGENTE,
CORAJOSA, ESFORÇADA,
ADORÁVEL, AMOROSA
E LINDA VOCÊ SEJA,
NUNCA SERÁ O SUFICIENTE
PARA QUEM NÃO SABE O
QUE QUER.

ESTOU DE DIETA.
CORTEI TODO TIPO
DE MIGALHA
QUE AS PESSOAS
ME OFERECEM
EM FORMA DE
SENTIMENTO.

ESPERO QUE VOCÊ ESTEJA
SE SENTINDO BEM,
MESMO ESTANDO SOZINHO.
QUANDO CHEGAR A HORA
DE ESCOLHER ALGUÉM PARA A SUA VIDA,
SERÁ POR AMOR E NÃO POR CARÊNCIA.

Parte 4
Sustente-se

DEIXEI UM BILHETE PARA DIZER QUE EU TE AMO

Deixei um bilhete para dizer que eu te amo. E por mais simples que pareçam essas três palavras escritas num pedaço de papel, não é bem assim. É que eu te amo de uma forma diferente do comum. Eu te amo levando o amor de um jeito leve, pois é mais fácil assim. Sem sofrimentos, pressões e preocupações. Apenas respeito, cumplicidade, sinceridade e cuidados.

Eu te amo! E mesmo com a certeza de que vamos nos ver no dia seguinte, te envio uma mensagem dizendo que estou morrendo de saudade.

Eu te amo e não espero declarações de volta. Sei que você é de guardar seus sentimentos, mas não ligo. Te respeito e presto atenção aos pequenos detalhes. E não ligo quando chega o final de semana e você me abraça forte, dizendo o quanto estava com saudade. Nesse momento, você já se declara mais do que eu em dezenas de textos que escrevi enquanto estava longe de você.

Eu amo quando chego e você joga o celular pra longe, só pra ficarmos juntos. Amo o fato de você adorar ficar em casa assistindo à Netflix comigo, mesmo tendo dezenas de convites para se aventurar fora do sofá.

Na real, não sei e não quero saber por que eu te amo. Mas eu te amo por saber que a sua resposta a essas palavras será um comentário curto, bem curto, de apenas uma linha. Mas ela será a linha que eu mais vou ler e reler em toda a minha vida.

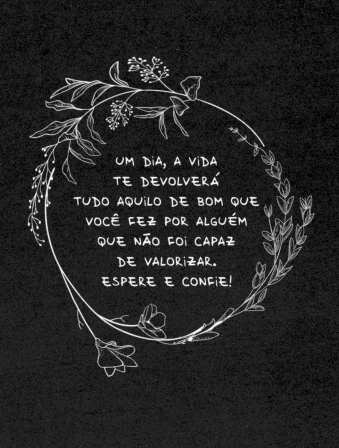

A VITÓRIA VIRÁ
NO TEMPO
E NO MOMENTO CERTOS.
TENHA PACIÊNCIA.
AS GRANDES COISAS
LEVAM TEMPO.

ARRISQUE-SE!
TUDO O QUE É BOM
COMEÇA COM UM
POUCO DE MEDO.

ELA QUERIA SINAIS
DE EXCLAMAÇÃO;
ELE DEU PONTOS
DE INTERROGAÇÃO.
ELE PEDIU
TRÊS PONTOS;
ELA DEU
UM PONTO FINAL.

SAIBA DO SEU VALOR
E NÃO ACEITE MIGALHAS
EM FORMA DE AMOR.

TENHA UMA
BALANÇA DE
PAZ MENTAL
ONDE VOCÊ POSSA
CONTROLAR TUDO
O QUE LHE TRAZ
MAIS CHOROS DO
QUE RISOS;
E SAIBA QUE,
TUDO O QUE TIRA
A PAZ, É MELHOR
DEIXAR IR.

COM A MOCHILA
CHEIA DE
AMOR—PRÓPRIO,
VIAJEI EM BUSCA
DE REALIZAR
CADA UM DE MEUS
ANTIGOS SONHOS.

SE HOUVER
A CHANCE
DE FAZER ALGO
QUE COMPLETE
SEU CORAÇÃO,
ASSUMA OS RISCOS E FAÇA!
A VIDA É MUITO CURTA,
E A FELICIDADE É RARA
PARA SE ADIAR.

DIZEM QUE O TREM
DAS OPORTUNIDADES
PASSA APENAS UMA VEZ.
O QUE NÃO TE CONTAM
É QUE VOCÊ PODE
CORRER PARA PEGÁ-LO
EM OUTRA ESTAÇÃO.

GOSTO DE PESSOAS
QUE SABEM SER SOL
QUANDO A VIDA
ESTÁ NUBLADA.

DISPENSO
SEUS DISFARCES.
GOSTO DA SUA CARINHA
DE SONO, DA SUA ROUPA DE
"FICAR EM CASA" E DO SEU
CABELO BAGUNÇADO.
GOSTO ASSIM, SEM A
NECESSIDADE DE MAQUIAR
TUDO O QUE É LINDO.

QUALQUER PESSOA
PODE TE DAR FLORES,
MAS ENCONTRAR ALGUÉM
QUE FAÇA FLORESCER
AS QUE ESTAVAM MORTAS
DENTRO DE TI
É MUITO DIFERENTE.

COM O TEMPO, VOCÊ
DESCOBRE QUE NÃO PRECISA
SENTIR BORBOLETAS NO
ESTÔMAGO... PRECISA APENAS
SE SENTIR TRANQUILA.

NÃO SE ILUDA.
ABRAÇOS, BEIJOS,
PRESENTES
E PALAVRAS BONITAS
NÃO SERVEM PARA NADA
QUANDO NÃO TE VALORIZAM
E NEM TE RESPEITAM.

O PROBLEMA
NUNCA FOI
SER INTENSO COMO
FURACÃO,
MAS SE APAIXONAR
POR PESSOAS QUE
POSSUEM
SENTIMENTOS DE
PORCELANA.

FOI COVARDE
QUEM FUGIU
AO SE DEPARAR
   COM OS TEUS
    PRIMEIROS
   ESPINHOS
  E NÃO FICOU
PARA TE VER
FLORESCER.

SABE QUANDO VOCÊ DESANIMA
E COMEÇA A ACREDITAR QUE
TUDO ESTÁ ACABADO?
ESSE É EXATAMENTE
O MELHOR MOMENTO
PARA RECOMEÇAR.
RECOMECE!

PODE LEVAR UM TEMPO,
MAS O TEMPO VAI LEVAR
TUDO O QUE NÃO TE TRAZ PAZ.

QUANDO VOCÊ ESTIVER
EM MEIO À ESCURIDÃO,
LEMBRE-SE DE QUE
DEUS É
LUZ.

TENHO BEIJADO
MAIS GARRAFAS
DO QUE PESSOAS
E, SINCERAMENTE,
UMA RESSACA
DÓI MENOS QUE
UM DESAMOR.

VOCÊ SABE QUE
UMA PESSOA É BOA
QUANDO ELA TE
TRATA BEM
ATÉ QUANDO NÃO
PRECISA DE VOCÊ.

A DIFERENÇA ENTRE
SER DE ALGUÉM
E SER COM ALGUÉM
É TAMBÉM CONHECIDA
COMO LIBERDADE.

E QUANDO VOCÊ
SE DESMONTAR,
NÃO TENTAREI TE UNIR.
ME DESMONTAREI
E ENCONTRAREI
UMA FORMA DE ME ENCAIXAR
ENTRE SUAS PEÇAS.

NO TREM DA MINHA VIDA
SÓ EXISTEM VAGAS PARA
OS QUE QUEREM
VÊ-LO EM MOVIMENTO.

QUERER ALGUÉM QUE NÃO TE QUER
É COMO ESPERAR POR UM AVIÃO
EM UMA ESTAÇÃO DE METRÔ.

Parte 5
Ilumine-se

ANTES ELA RiA SiMPLESMENTE PARA NÃO CHORAR, MAS HOJE DECiDiU CHORAR DE RiR

Abriu um sorriso e deixou a felicidade entrar.
Por ele também entrou o amor-próprio. E, mesmo
sabendo que a vida não estava fácil, aquele sorriso
era como um alerta de que uma hora tudo
ficaria bem.

Em diversos momentos em que ela se via em
um beco escuro, sem saída e com uma muralha
de problemas à sua frente, era o sorriso que
iluminava o caminho de volta durante os voos
altos para atravessar tais problemas. E, lá do alto,
sempre encontrava ainda mais motivos para
sorrir. Sorria nos dias de chuva, dias sem festa e
em cada pôr do sol.

Dentro dela existe uma infinidade de sorrisos, começando por aquele sem graça, de canto de boca, passando pelo riso tímido, mostrando a gengiva, que é logo atropelado pela gargalhada mais engraçada do mundo. Ela aprendeu a sorrir até quando tudo dá errado e, voando alto no clichê, descobriu que sorrir era, de fato, o melhor remédio.

Mas, mesmo sorrindo, ela não leva tudo na brincadeira, muito pelo contrário... Ela aprendeu que o sorriso é a forma mais séria — e leve — de levar a vida. Por isso, ela sorri para quem deseja seu bem e entrega de bandeja um sorriso para os insultos de quem, muitas vezes, só quer magoá-la.

TREINE SUA MENTE PARA VER
O LADO BOM DE QUALQUER SITUAÇÃO.
SEJA GRATO.
É IMPOSSÍVEL SENTIR
GRATIDÃO E INFELICIDADE
AO MESMO TEMPO.

AMIGOS DE VERDADE
   MERECEM RECONHECIMENTO.
      ESTANDO PERTO OU LONGE,
         ELES JAMAIS DEVEM CAIR
            NO ESQUECIMENTO.

ATRÁS DE CADA MULHER
FORTE E INDEPENDENTE
EXISTE UMA MENINA
QUE APRENDEU
A SE RECUPERAR E NUNCA
DEPENDER DE NINGUÉM.

NÃO GOSTO DO COMUM.
TALVEZ SEJA POR ISSO
QUE SEMPRE ENCONTRO
COM PESSOAS QUE
COMPLICAM A MINHA VIDA.

TANTAS ESTRELAS
NO CÉU E FUI
ME APAIXONAR
JUSTO POR UMA
CADENTE.

{ VOCÊ SERÁ COMPLETAMENTE
FELIZ QUANDO DEIXAR DE
CRITICAR OU QUERER SABER
SOBRE A VIDA DE ALGUÉM.
A FELICIDADE CHEGA QUANDO
VOCÊ SE CONCENTRA
EXCLUSIVAMENTE EM VOCÊ. }

NUNCA SOFRA POR AMOR.
SOFRA POR DESAMOR,
DESENCANTO OU INDIFERENÇA,
MAS NUNCA POR AMOR.

O AMOR NÃO FAZ MAL...
QUEM FAZ SÃO AS PESSOAS
QUE NÃO SABEM AMAR.

NÃO EXISTEM MUROS
QUE BARREM AQUELES
QUE ENCARAM A VIDA
COM CORAGEM.

RECOMECE!
NOVOS CAMINHOS TE LEVARÃO
PARA UMA NOVA HISTÓRIA.

EXISTEM PESSOAS
QUE FAZEM COM QUE
A SUA RISADA SEJA UM
POUCO MAIS FORTE,
O SEU SORRISO UM POUCO
MAIS BRILHANTE E A SUA
VIDA MUITO MELHOR.

ÀS VEZES,
UM DESAMOR
TAMBÉM É MOTIVADOR.
BASTA UM CORAÇÃO
PARTIDO PARA
REALIZAR TODOS OS
SEUS SONHOS
ESQUECIDOS.

SEJA O TIPO DE PESSOA
QUE CEDE E PEDE DESCULPAS,
MESMO NÃO ESTANDO ERRADA.
UMA RELAÇÃO É MUITO
MAIS VALIOSA DO QUE
O PRÓPRIO EGO.

CHUTE PARA LONGE
TODO TiPO DE EXPECTATiVA,
ANTES QUE VOCÊ TROPECE
E SE MACHUQUE.

NUNCA DEIXE
DE MOSTRAR
QUEM VOCÊ
REALMENTE É
POR MEDO DO
QUE AS PESSOAS
VÃO PENSAR.

O NATURAL
É SEMPRE
MAIS ADMIRADO
DO QUE O
ARTIFICIAL.

AMIGOS SÃO COMO BÚSSOLAS
QUE NOS GUIAM NAS PIORES
TEMPESTADES.

EXISTEM PESSOAS
TÃO ILUMINADAS
QUE CHEGAM
PARECENDO O SOL
E ACABAM, AOS POUCOS,
COM TODA A SOMBRA
QUE EXISTE DENTRO
DA GENTE.

APRENDA A PERDOAR
MESMO QUANDO NÃO
TE PEDIREM PERDÃO.

GUARDAR RANCOR NÃO DEIXA
ESPAÇO PARA ENCHER O CORAÇÃO
DE GRATIDÃO E FELICIDADE.

AME-SE O SUFICIENTE
PARA DAR CONTA DE
SEGUIR EM FRENTE
MESMO QUANDO
TE DEIXAREM
PARA TRÁS.

A FERIDA FECHOU,
MAS TODOS OS NOSSOS
BONS MOMENTOS
FICARAM GUARDADOS
EMBAIXO DOS PONTOS.

POR MAIS
DIFICULDADES
QUE EU TENHA DE
ENFRENTAR, MANTENHO
SEMPRE O SORRISO NO ROSTO,
POIS SEI QUE ELE ILUMINARÁ
O CAMINHO DE VOLTA À
FELICIDADE.

MAIS CEDO OU MAIS
TARDE, A VIDA
TE MOSTRARÁ A
DIFERENÇA ENTRE
ESTAR COM ALGUÉM
POR ADMIRAÇÃO E
ESTAR COM ALGUÉM
POR DISTRAÇÃO.

TIVE MUITAS PORTAS
FECHADAS EM MINHA
VIDA, MAS O TEMPO ME
MOSTROU QUE ELAS
SÓ ESTAVAM ME
PROTEGENDO DOS
LUGARES EM QUE EU
NUNCA DEVERIA ENTRAR.

NÃO TENHO MAIS IDADE PARA SER
UM PERSONAGEM E IMPRESSIONAR
TELESPECTADORES PASSAGEIROS.

SE UMA PESSOA NÃO
ESTÁ FELIZ COM O
MEU JEITO E DESEJA SAIR
DA MINHA VIDA,

FAÇO QUESTÃO DE
CONDUZI-LA ATÉ A SAÍDA,

PARA QUE ELA NÃO SE
PERCA NO CAMINHO E ACABE
BAGUNÇANDO O QUE LEVEI MUITO
TEMPO PARA ARRUMAR.

NÃO DEIXE A PESSOA QUE NUNCA
LHE DEU NADA QUERER LEVAR
EMBORA TODA A SUA FELICIDADE.

APROVEITE A SUA VIDA
COM INTENSIDADE,
AFINAL, ELA É COMO
UMA FESTA DE CASAMENTO:
SEMPRE FALARÃO MAL
PELAS SUAS COSTAS.

SUPERE AS PESSOAS
SEM A NECESSIDADE
DE BLOQUEÁ-LAS OU
OFENDÊ-LAS.
ACEITE QUE A
VIDA SEGUE...
COM OU SEM ELAS.

TUDO PASSA.
PODE CONFIAR!
SE AS COISAS VÃO
BEM, APROVEITE.
SE NÃO VÃO,
TENHA EM MENTE
QUE NADA É
PARA SEMPRE.

CUIDE BEM DAS PESSOAS QUE TE ENSINARAM O VERDADEIRO PODER DO AMOR.

DEIXE PARA TRÁS
TUDO AQUILO QUE
NÃO TE DEIXA
SEGUIR EM
FRENTE.

NÃO COMETA O ERRO
DE NÃO SE ARRISCAR
POR MEDO DE ERRAR.

AME—SE DA
FORMA QUE
VOCÊ É,
POIS, NO FIM
DAS CONTAS, COM
CINCO QUILOS A MAIS
OU A MENOS, O QUE
REALMENTE IMPORTA
É O PESO DE SUAS
ATITUDES.

CONSIGO ACEITAR
E DESCULPAR MUITOS
ERROS, MENOS
MENTIRAS.

QUEM MENTIU NÃO
ERROU, MAS, SIM, TOMOU
UMA DECISÃO COM UMA
PÉSSIMA INTENÇÃO.

NO AMOR, PREFIRO
CEDER E ME
DESCULPAR DIANTE
DAS PEQUENAS
BATALHAS DO QUE
VENCER UMA GUERRA
E VIVER EM SOLIDÃO.

O TEMPO PASSA E
DEIXAMOS DE NOS IMPORTAR
COM O NÚMERO DE VEZES
QUE ALGUMAS PESSOAS
DIZEM QUE NOS AMAM
E PASSAMOS A VALORIZAR
AS PEQUENAS ATITUDES
SILENCIOSAS QUE GRITAM
ALTO COMO O AMOR
DEVE FUNCIONAR.

Parte 6
Floresça

NÃO CONFUNDA O SEU VAZIO COM UMA SAUDADE QUE NUNCA EXISTIU

Mas que saudade é essa que você diz ter? O que você quer parecer: apaixonado, romântico incontrolável ou o rei do arrependimento? Cá entre nós, você não se enquadra em nenhum desses personagens. Você precisa, na verdade, de umas boas aulas de gramática e interpretação de texto. Vive confundindo o seu vazio com uma saudade que nunca existiu e sempre corre aqui me chamar?!

Demorei, mas entendi o já batido "oi, sumida" que você insiste em usar. Que fique claro: não existe saudade. Existe apenas uma pessoa — muito teimosa — que precisa seguir em frente.

Cansei de tentar preencher o seu vazio. Tentei durante as conversas de madrugada que nunca ocorreram, me interessando para saber sobre o seu dia e tentei até ganhar um espaço no vazio envolto por esse sentimento dividido que insiste em morar no seu coração. Até isso você não conseguiu entender.

Eu era totalmente disponível, querendo, sentindo na pele o arrepio de um mergulho profundo que nunca dei, mas estava esperando apenas pelo seu "sim" para pular. Já estávamos de mãos dadas, mas você preferiu ter medo e recuar.

Nosso tempo acabou. Sua chance acabou. Mas o seu vazio continua. E não adianta vir com palavras bonitas... Use-as para — tentar — preencher esse coração.

APRENDA A VIVER
SEM MENSAGENS BONITAS,
SEM ÁUDIOS DE BOA NOITE
E SEM ALGUÉM QUE
RECLAME DE TODOS OS
SEUS LINDOS DETALHES.

DIZER QUE NÃO
QUER SE APAIXONAR

POR TER MEDO
QUE TE MAGOEM

É COMO DIZER
QUE NÃO QUER
CONHECER O MAR

POR TER MEDO DE PISAR
EM ALGUMAS CONCHAS
E ARRANHAR OS PÉS.

PESSOAS BONITAS POR FORA
E VAZIAS POR DENTRO
PARECEM MANEQUINS.
SEMPRE OS PAQUERAMOS
NAS VITRINES,
MAS É NO INTERIOR DA LOJA
QUE VEREMOS O QUE NOS SERVE.

SE A FALTA DE TEMPO
FOSSE MOTIVO
PARA NÃO PODER SE
ENCONTRAR COM ALGUÉM,
APENAS OS DESOCUPADOS
CONHECERIAM O AMOR.

VOCÊ PODE APAGAR
FOTOS, MAS NUNCA
UMA RECORDAÇÃO.

ESQUEÇA O PASSADO,
NÃO O APRENDIZADO.

PARE DE CORRER
ATRÁS DE QUEM
SABE MUITO BEM
ONDE TE
ENCONTRAR.

PERDOE O ATRASO
E ENTENDA QUE, EM
MINHA VIDA,
LEVO MUITO A SÉRIO
APENAS O LEMA:

ANTES TARDE
DO QUE NUNCA.

NENHUMA RELAÇÃO É
"PERDA DE TEMPO".

SE VOCÊ NÃO ENCONTROU
O QUE PROCURAVA,
APRENDEU QUE CHEGOU
A HORA DE IR ATRÁS
DO QUE REALMENTE
PRECISA.

NÃO SE ILUDA.
BEIJOS CURAM FERIDAS
APENAS QUANDO
SOMOS CRIANÇAS.

AME SEM MEDO,
ACEITE AS DIFERENÇAS
E CUIDE DE QUEM ESTÁ
SEMPRE AO SEU LADO,

POIS NÃO SÃO TODAS
AS PESSOAS QUE ESTÃO
DISPOSTAS A ENFRENTAR
TODOS OS ALTOS E BAIXOS
DA VIDA COM VOCÊ.

CUIDADO...
A PESSOA QUE TE CHAMA
DE "MINHA VIDA"
PODE TER "MAIS VIDAS"
QUE UM GATO.

NÃO TENHA MEDO.
É JUSTAMENTE
NAS NOITES MAIS ESCURAS
QUE AS ESTRELAS
MAIS BRILHANTES
APARECEM.

VOCÊ NUNCA
NAVEGARÁ EM
PAZ PELA VIDA
SE CONTINUAR
ANCORADO EM
RECORDAÇÕES
DE UM BARCO
QUE JÁ ZARPOU.

O SEGREDO ESTÁ EM FAZER
MORRER DE AMOR E BOAS
RISADAS, NÃO DE CIÚME.

QUANDO VOCÊ
MENOS ESPERA...

 ESTE SEMPRE
SERÁ O MOMENTO
PERFEITO.

VÁ DEVAGAR...
A PRESSA É INIMIGA
DO CORAÇÃO.

VÁ DEVAGAR...
ÀS VEZES, QUEM CHEGA POR
ÚLTIMO É O MAIS ESPERADO.
TIPO BRIGADEIRO DE FESTA!

Parte 7
Desabroche

CONFESSE

Você sabe, né? A pessoa que hoje cuida de você, e faz o melhor cafuné do mundo, não vai lhe esperar para sempre. Essa pessoa desistirá da sua indecisão... e de você. Talvez dentro de alguns dias ou amanhã. Ou após ler este texto.

Se não caiu a ficha, serei mais claro: deixe de ser covarde e fale pra essa pessoa que é com ela — e só com ela — que você deseja se emaranhar nos dias de plena felicidade e também quando tiver certeza de que tudo dará errado. Não espere que surja a desconfiança de que você não quer nada com ela, e que você a vê apenas como um passatempo casual, uma alternativa para um dia sem balada. Confesse a ela que, nesse mundo imenso e cheio de acasos, nunca conheceu lugar mais aconchegante que o colo dela. Confesse o frio na barriga que sente todas as vezes que vocês combinam de sair. Confesse o número de vezes que você se segurou para não parecer pateta ao roubar um beijo no meio daquele filme bacana que ela indicou.

Mas o que está acontecendo? Você realmente está esperando ela ir embora para ter que implorar pra ficar? Fala logo. Abre o jogo, revele que seu coração já se abriu e que você quer apenas que ela entre por vontade. E fique à vontade.

Ligue pra ela e conte seus planos, fale sobre o réveillon na praia deserta e o mochilão pela Europa. Fale das fotos de vocês dois que tirou e dos lugares que conheceram, em seus sonhos.

Avise que é com ela que você quer curtir o pôr do sol no mar, a trilha na floresta, a música romântica num dia frio e a vida em qualquer estação. Confesse que é com ela que você vai se aventurar na vida fitness e se deixar levar num dia "fatness". Só com ela.

Garanta que fará tudo, tudo mesmo, pra fazê-la feliz. Confesse que quer algo sério, inteiro, nada mais pela metade. De metade só o café da manhã que vocês podem dividir no início de um dia incrível.

Avise agora, antes que ela mude. Mude modos, mude costumes, mude de endereço, mude de interesses.

FRAGRÂNCIA DE RECORDAÇÕES MARAVILHOSAS

Já não sei o que fazer. Faz um ano que não vejo você e continuo me torturando com pequenos resquícios do seu cheiro e intermináveis sonhos em que vejo nossas aventuras em *flashback*. E, mesmo após centenas de banhos, não houve água ou lágrima que limpasse o que você deixou pra trás.

Nos dias frios, boto minha antiga jaqueta de couro e me lembro de como você se cobria com ela nas madrugadas em que voltávamos do nosso bar preferido. Já tentei colocar em minha balança mental todas as coisas tóxicas de nossa convivência, mas, mesmo em menor quantidade, as recordações maravilhosas são mais densas e intensas e me chamam a atenção.

Mais uma vez. Pareço um viciado pensando em prazer e viagem imediata, fraco demais para me olhar no espelho e enxergar todos os sintomas de envenenamento. Me rendi às suas memórias.

Já não sei o que fazer. Enquanto isso, tentarei dormir mais uma noite na espera de acordar e encontrar você dormindo aqui, do meu lado, no canto da cama que escolheu.

O SONHO COM O AMOR DOS MEUS SONHOS

Essa noite, sonhei com você. Num misto de sonho com vontades reais, corri para pegar o primeiro ônibus para a sua cidade. Feliz, muito feliz. E existe sensação mais gostosa do que estar feliz só pela ansiedade de talvez ser feliz?

Na rodoviária, corri feito um maluco para lhe dar um abraço, como havia dado nos sonhos. Você me recebeu com sorrisos e braços abertos. E se encaixou em mim num abraço. Como quem tinha todo o tempo do mundo. Só pra mim.

Pegamos um táxi em direção à sua casa e, entre carinhos e olhares admirados, o taxista fez a afirmação que eu já havia feito em pensamento desde que a vi: "Vocês formam um lindo casal!".

Chegando em sua casa, fui logo para a cozinha fazer a tão prometida batata recheada. Tudo pronto! Como acompanhamento, tínhamos doses de bom papo e porções de olhares cada vez mais apaixonados. Que mulher! Que olhar! Que sorte a minha!

Depois do jantar, já sonolentos, você se aninhou em meu peito enquanto eu lhe fazia um cafuné com as pontas dos dedos... Leve, como o amor deve ser. Seu filme preferido passava na TV. E antes que o dia terminasse, planejamos o futuro sem pensar na distância e no quão incrível estava o agora.

Descobri seus desejos e medos, tudo isso num emaranhado de carinhos e cafunés. Mas, quando já era tarde, você pegou no sono. Dei-lhe um beijo na testa e carreguei você do sofá para o quarto sem saber qual lado da cama era o seu preferido. Com dúvida na questão que sela a paz entre todo bom casal, decidi te acordar. Quando cheguei perto, você abriu os olhos e... Eu acordei.

Acordei com a dúvida de qual seria a sua grande escolha, mas não de qual será a minha. Os sonhos sempre acabam em grandes momentos. Talvez seja pra dar uma prévia dos instantes que virão e serão incríveis. Momentos como esses são os que ficam na linha tênue entre o sonhar e o correr para realizar.

NUNCA IREMOS

Nunca iremos acordar juntos na mesma cama. Também não tomaremos café da manhã e não dividiremos a mesma toalha após um banho quente em um dia frio. Nunca iremos andar pelas ruas de mãos dadas ou abraçados. Nunca iremos nos beijar em público e você nunca dormirá com a cabeça em meu peito.

Nunca brigaremos por ter deixado a toalha molhada em cima da cama ou os sapatos jogados no corredor. Nunca discutiremos para saber quem deixou a tampa do banheiro levantada ou comeu toda a sobremesa.

Nunca seremos um casal perfeito. Até porque criei você em minhas memórias como alguém com poderes divinos, fantasiando o amanhã e esquecendo de cultivar o agora. Sequer criamos raízes.

Aprendi que o tempo passa e leva com ele nossos sonhos. E quando você respondeu "sim" naquele altar, o tempo parou. Pelo menos, para mim. Foi quando percebi que deveria ter chamado você há muito tempo.

A VIDA É MELHOR NO PRESENTE

De que adianta ficar fantasiando as coisas de uma forma que não aconteceu? E se... Já foi. Passou. E felizmente ou infelizmente aconteceram de outra forma. E enquanto não inventarem uma máquina do tempo, é melhor parar com esse apego ao passado e focar no presente, olhando para frente e tendo nas costas uma mala recheada de aprendizados.

Essa história de remoer o passado e encher a mente com milhares de "se isso", "se aquilo" serve somente para uma coisa: nos torturar mentalmente. Nada vai mudar ou voltar, por mais que você passe horas do seu dia, todo santo dia, pensando no assunto. Mais uma vez: foi, aconteceu, é isso aí, acabou, boa sorte.

Se o apego é por conta de algum erro cometido, peça desculpas, assuma o estrago em sua volta e reconheça as mágoas que estão guardadas em seu coração. Se perdoe. Perdoe os outros. Está tudo bem, a vida já pode seguir em paz.

Siga em paz, na certeza de que só existe vida no agora e no amanhã. Quando não temos receio em perdoar, percebemos que todos nós precisamos de uma segunda chance em algum momento da vida e que, se ficarmos presos ao passado, não teremos a oportunidade de consertar pequenas falhas. A vida precisa ser leve, com mais gargalhadas que causam vergonha em público e abraços demorados quando estamos com pressa.

Aprendi em minha trajetória que para ser bom em algo, na maioria das vezes, precisarei ser ruim antes. E isso não é uma vergonha. Quando você passa a observar que os valores opostos são complementares e que precisará passar por uma noite escura para ver um belo amanhecer, tudo fica mais simples e leve. Pois você sabe que é no futuro que as coisas acontecem. Seja na manhã seguinte ou na próxima década. Um dia iluminado sempre estará à sua espera.

ERRO DE CÁLCULO

Deixou de lado suas vaidades, ambições, planos, sonhos e desaprendeu as práticas de amor-próprio. Largou tudo para viver um amor-carnaval, daqueles que deixam você em casa sozinha com as suas fantasias para aproveitar mais uma noite de folia.

E a culpa disso também é sua, pois você errou o cálculo. Quando queremos fazer algo crescer, nós somamos ou multiplicamos, jamais subtraímos. E, pelo visto, você insistiu em subtrair o que você tinha de melhor por um amor que era como divisão por zero; inexistente.

MARCAS

Há momentos em que tudo parece dar errado e que uma pessoa aparentemente interessante pode muito bem ser a potencial protagonista de uma relação destrutiva.

Você passou por experiências ruins que lhe fizeram caminhar pela vida com sapatinhos de chumbo, por medo de ficar descalça novamente e machucar os pés ao tropeçar em algumas expectativas e, com isso, quebrar os sentimentos. E isso faz você correr atenta, como uma refugiada que tenta escapar da mira de um amor que, a qualquer momento, pode surgir como uma mina terrestre e causar danos irreparáveis ao seu coração. Eu sei que você está convencida de que todos que entrarão em sua vida criarão um caos em sua mente e partirão assim que descobrirem suas cicatrizes. Mas saiba que as melhores pessoas do mundo têm marcas e cicatrizes. E essas marcas representam amadurecimento e histórias de superação.

Lembre-se de que, mesmo entre as sete maravilhas do mundo, até o Taj Mahal tem suas fissuras.

Use suas cicatrizes como lembrete da força que o seu coração teve quando tudo parecia perdido. Acredite no poder do amor e em como ele pode reparar qualquer coisa. E também saiba que não temos apenas uma alma gêmea, mas, sim, inúmeras pessoas que conseguiriam se encaixar perfeitamente dentro do nosso abraço.

Não que eu acredite em destino, mas saber que existem pessoas incompletas, com marcas que se encaixariam perfeitamente nas minhas, dispostas a me aceitar com minhas imperfeições e fazendo todas as experiências ruins se tornarem bons aprendizados, me tranquiliza imensamente.

DEMONSTRAR DESINTERESSE NÃO É INTERESSANTE

Estou aqui para alertar você que as grandes indústrias das pessoas imaturas acabam de lançar mais um joguinho, no qual o prêmio é você. E você que pretende ser ou já é um jogador, vem cá, quero contar uma coisa que o jogo não ensina.

Sabe aquela pessoa incrível que você silenciou as notificações do celular e, com um imenso prazer, faz questão de respondê-la apenas horas ou dias depois? Aquela pessoa que se esforça por você, mesmo tendo uma maturidade infinitamente maior que a sua? Pois bem... Ela não vai esperar para sempre. E você será facilmente esquecido. Sinceramente, não consigo entender a lógica desse jogo. Se fosse ou houvesse, de fato, a

intenção de um relacionamento saudável,
ninguém estaria fazendo esse tipo de chantagem
barata e jogo sujo.

Vocês, que fazem joguinhos, deveriam saber
que desinteresse não é interessante. É natural
que a gente se interesse por aquilo que é difícil,
isso vem daquela ideia de que "o que vem fácil,
vai fácil" e é válido no mundo da conquista. Mas
acredito que isso só é válido, de fato, quando é
verdadeiro e acontece naturalmente; quando
o charme, aliado ao flerte, não é forçado e faz
despertar o gostar e não a repulsa.

Por que dificultamos tanto o amor?
O que é para ser leve se torna uma
disputa de ego na qual ninguém
quer perder. Disputa na qual
ganha mais quem demonstra
menos. Falando em ganhar,
esses jogadores ficam viciados na
conquista e fazem de tudo — ou nada —
até conquistar o objeto de desejo.

Não demora muito e o tempo passa. E o interesse
some. Até *Super Mario World* perde a graça
depois de alguns dias de jogo.

Se não caiu a ficha, serei mais claro: deixe de ser covarde e pare com a besteira de se fazer de ausente para quem está disponível para você em qualquer hora do dia. Não seja um jardineiro que sai por aí espalhando sementes de um sentimento que você não pode cultivar. Um sentimento que, antes de enraizar, morre por falta de um adubo chamado sinceridade.

AS EXPECTATIVAS E AS DECEPÇÕES NO AMOR

Pelos muitos caminhos que você percorre
para encontrar o amor ideal, surgirão atalhos
atrativos que, vez ou outra, causarão ilusão.
São as expectativas.

São elas que fazem você achar que conhece alguém
o suficiente para dar um passo adiante. Sabe
quando você se imagina envelhecendo ao lado de
alguém que acabou de sorrir pra você? Pois bem,
na amizade, no namoro ou no altar, a expectativa
faz você dar o primeiro passo e passa a perna no
segundo, deixando você lá, de cara no chão.

Chute pra longe esse sentimento que, fantasiado
de final feliz, te faz de palhaço e traz um final
trágico, nem um pouco feliz.

Chute pra longe a mania de achar que já conhece todas as certezas do futuro ao lado do desconhecido que você acabou de conhecer.

Eu sei, é difícil, pois sempre imaginamos o lado bom das pessoas, mas até quando você vai viver dentro dessa sua bola de cristal, fazendo planos de algo incerto só para encher a sua mente de falsas certezas?

Você vê uma escada de ouro que a leva até as estrelas, mas não vê que ela é apenas uma pintura desbotada dentro de uma sala fechada da qual você se recusa a sair. Você fechou suas janelas e ficou no escuro, com medo de que a luz da realidade entrasse por uma brecha, iluminasse e derretesse toda essa expectativa em forma de monumento de cera que você criou.

Sabe, eu entendo... Nós criamos expectativas para alimentar sentimentos que entraram em extinção nesse mundo cheio de regras onde quem faz joguinho é tido como evoluído. Mas, por favor, pare de olhar para o céu e ver portas nomeadas de final feliz e mantenha os olhos e os pés no chão, para não existir nenhuma chance de tropeçar em uma expectativa mais uma vez. E se machucar.

TELEFONEMA

Peguei você novamente pregada ao telefone, esperando pelo telefonema que ele nunca deu. E nem dará. Pode ficar aí, se quiser, mas lembre-se de que o tempo não perdoa e você é muito jovem para ficar presa em um amor de verão. Daqueles que queimam e deixam marcas por muitas semanas, mesmo após você ter voltado para o interior em busca de paz.

Siga quieta se for sua vontade. Siga vivendo de recordações, se é assim que deseja. Mas nunca se esqueça de que eu sempre estarei disposto a lhe mostrar que caminhar livremente sobre um gramado florido será sempre mais prazeroso do que sobre o tapete empoeirado da sua sala.

POR MAIS QUE EU ESTEJA DISTANTE, ESTOU COM VOCÊ

Mesmo distante, parece que você está aqui,
pertinho de mim.

Nossos pés, que hoje trilham caminhos
totalmente diferentes, se dependerem de mim,
vão terminar no altar.

Já estou ficando louco. Me olho no espelho e o
que reflete é a sua imagem, até nas ocasiões em
que eu queria apenas me enxergar. Você se parece
comigo em uma infinitude de detalhes que só eu
consigo notar. Detalhes que darão um livro...
Tá, livro não garanto, mas dezenas de textos que
não chegarão nem perto do que vamos sentir.
Não é por preguiça, mas ficará bem difícil correr

os olhos pelos livros quando posso, muito bem, correr a ponta dos meus dedos pelo seu corpo. Fazendo carinho ou apenas perdendo as contas de suas sardas.

Parece que você é incrível. Parece que serei feliz.

Gosto da sua transparência, de sentir o que é a tal da reciprocidade a cada elogio dado. E a cada sorriso que você me tira. Gosto de verdades e você é assim, sincera, direta e decidida.

Gosto do olhar que penetra e das conversas sem personagens, bem assim, só você e eu. Sem joguinhos e sem desinteresse.

Gosto de conexões sinceras e daquela mensagem de apenas três palavras e um *emoticon* que significa "estou aqui e vou cuidar de você pra sempre". E de beijos intensos, que guardo para quando lhe encontrar. Intensidade nos sonhos, nos planos e nas atitudes.

Intensidade e certeza suficientes para dizer: por mais que eu esteja distante, estou com você.

EU ESCOLHERIA VOCÊ OUTRA VEZ

Viajei por longas estradas, tive dias monótonos e outros carregados de incertezas. Conheci cidades, vilarejos, pessoas, costumes e me apaixonei pela intensidade de aventuras que nunca havia imaginado viver.

Topei com milhares de pessoas, em ruas ou cafeterias, com as quais eu poderia ter conversado por horas, mas tudo se resumia a simples cumprimentos. A maioria delas passava e ia embora, como o vento. E outras passavam a morar em minhas malas em forma de boas recordações ao longo dos anos.

Naveguei por tempestades carregadas de sentimentos que conseguiram me fazer chorar como se eu estivesse recebendo uma apunhalada nas costas. Também vi o sol nascer enquanto as lágrimas secavam em meu rosto.

Tive bons momentos, aprendi com meus erros e, dia após dia, consegui dormir com a minha consciência tranquila.

Sonhei com inúmeras coisas, imaginei o impossível e consegui fazê-lo realidade. Cometi falhas. Subi montanhas-russas de sensações reais, tive que aprender na trajetória que, quando a subida se aproximava, eu cairia novamente, mas tudo ficaria bem após a curva mais estreita. Eu tentei ser melhor a cada dia, para crescer, amadurecer e para tentar tornar o mundo um lugar melhor.

Nosso relacionamento me trouxe amadurecimento. Aprendi a lutar com a distância, a lidar com os silêncios, a ter pessoas próximas a mim, a senti-las por quilômetros e quase poder tocá-las. Aprendi a ganhar quando comecei a ceder.

Eu tentei sorrir mesmo quando os dias eram pintados em tons de cinza. Via o copo meio vazio

e engolia a seco mágoas que desciam por mim se
transformando em perdão.

Eu abri meu coração — algumas vezes, para dizer
a verdade —, mas apenas as necessárias.

Mas, quando estive novamente perto de
você, face a face, sem acreditar que seríamos
um, me balançou como nas tempestades.
Eu não sei exatamente o que somos nem em
qual classe você estará em minha vida, afinal,
não sou fã de rotular meus sentimentos.
Mas, agora mesmo, neste exato momento,
eu escolheria você outra vez.